AF306163

Extrait de _Le Roannais illustré_, septième année (1895-1903), p. 63-74.

LE

TESTAMENT DE CLAUDE GOUFFIER

3 JUIN 1570

Par F. MAZEROLLE

ROANNE

GRANDE IMPRIMERIE FORÉZIENNE, P. ROUSTAN

—

1896

LE

TESTAMENT DE CLAUDE GOUFFIER

3 JUIN 1570

TESTAMENT DE CLAUDE GOUFFIER

3 JUIN 1570

Par F. MAZEROLLE

ROANNE

GRANDE IMPRIMERIE FORÉZIENNE, P. ROUSTAN

—

1896

LE TESTAMENT DE CLAUDE GOUFFIER

3 JUIN 1570

N 1874, M. Célestin Port a publié le *Procès-verbal de vente des meubles de Claude Gouffier, duc de Roannès, grand écuyer de France*. [1] Ce document curieux donne les prix, fort modiques, auxquels furent vendus à Paris les objets d'art et les meubles du grand écuyer ; la vente dura du 15 septembre au 6 novembre 1572. Claude Gouffier, malgré son immense fortune, laissait des dettes en mourant, ce qui motiva cette vente dont le procès-verbal nous a été conservé.

A notre tour nous désirons faire connaître un document, qui, sans présenter un intérêt aussi grand, nous donne cependant quelques renseignements intéressants ; nous voulons parler du testament de Claude Gouffier. Daté du 3 juin 1570, c'est vraisemblablement le dernier que fit son auteur, car, suivant le Père Anselme, il mourut en 1570.

Ce document, qui nous semble n'avoir pas encore été signalé jusqu'à présent, [2] est une copie du temps ; nous en donnons le texte en pièce justificative.

A la date précitée, comparut pardevant Jean Beaugendre et Denis Thomas, notaires royaux des bailliage et châtellenie de Blois, pour dicter ses dernières volontés, haut et puissant seigneur Messire Claude Gouffier, duc de Roannais, marquis de Boisy, comte de Caravas et de Maulevrier, baron de Passavant, Poussanges et Palluau, seigneur d'Oiron, la Fougereuse, Bourg-Charente et Saint-Loup, capitaine des cent gentilshommes de la Maison du Roi, grand écuyer de France, conseiller au Conseil privé et chevalier de l'ordre de Saint-Michel.

Claude Gouffier, qui s'était marié cinq fois et avait été d'ailleurs assez malheureux en ménage, prit pour l'exécution de ses dernières volontés de grandes précautions ; il ne se contenta pas de les formuler nettement, mais, en plus, il

[1] *Revue des Sociétés savantes*, V^e série, t. VII, p. 555 à 579.
[2] Le Père Anselme paraît l'avoir connu, car il dit que Claude Gouffier fit son testament le 3 juin 1570 (*Histoire généalogique et chronologique de la maison royale de France*. 3e édit., Paris, 1730, t. V, p. 610).

choisit, comme exécuteurs testamentaires, sept personnes : 1° Haute et puissante dame Anne de la Tour, sa cinquième femme ; 2° Haut et puissnt seigneur Messire François, duc de Montmorency, chevalier de l'ordre de Saint-Michel, pair et maréchal de France ; 3° Messire Arthus de Cossé, comte de Secondigny et seigneur de Gonnord ; 4° Messire Louis Leroy, comte de Chuchamp, seigneur de Chavigny, tous deux chevaliers de l'ordre de Saint-Michel ; 5° Noble homme Gille Duvergier, seigneur de la Fontaine et du Plessis, conseiller du Roi et président du siège ordinaire et présidial de Touraine ; 6° M° Mathieu de Fontenay, avocat en la Cour de Parlement de Paris ; 7° M° René Bonnercier, prieur de Maulevrier et de Mainthion, près Paris.

De son vivant, Claude Gouffier avait fait préparer son tombeau, qu'il avait placé dans la chapelle de Saint-Jean de l'église d'Oiron. Il spécifia dans son testament qu'il voulait y être enterré, sans autre pompe que treize chandeliers de cire ardente brûlant devant la sépulture, et fit plusieurs fondations pieuses en faveur de cette église.

Il est fait mention dans le document que nous publions de l'hôtel que Claude Gouffier possédait à Paris, l'hôtel de Boisy, situé près de la Bastille ; cet hôtel était donné à son fils aîné et devait toujours appartenir à l'aîné des héritiers mâles de ses descendants. Il ne nous a pas été possible d'en retrouver la trace ; l'emplacement fut peut-être aliéné et l'hôtel démoli après la mort du testateur.

Le grand écuyer, dont le goût d'amateur est bien établi par le procès-verbal de la vente après décès, ne parle avec détail dans son testament que de certains « meubles » qu'il laisse à son fils aîné ; il s'agit de plusieurs tapisseries : une tapisserie tissée d'or et d'argent, à fond de velours cramoisi ; une tapisserie aux armes du Roi, décorée de fleurs de lis et de l'épée de grand écuyer, à fond de velours noir ; une tapisserie de haute lisse, relevée de soie représentant l'*Histoire de Troyes* et une tapisserie de velours représentant une caravane et ses armes ; toutes devaient rester « en sa maison d'Oiron, pour la decoration d'icelle. »

Le procès-verbal de la vente après décès nous donne la description des tapisseries aliénées en 1572.

Item, huict pièces de tapisserye de troys aulnes de haut ou environ, à grand feuillage d'eaue, sur lesquelles sont rapportées des espées et ceintures semés de fleurs de lis d'or[1], des armoyris et devises dudict sieur deffunct, contenant 69 aulnes 1/2...

Item, dix pièces de tapisserie au milieu de chacunes desquelles pièces il y a une fontaine....

Item, huict pièces de tappisserie de Flandre, neufves, à feuillage d'eaue, au millieu desquelles y a des lions, liepvres et aultres bestes ; les bordures et colonnes de trois aulnes demy-quart de hault, estoffez par derrière....

Item, une 'pièce de tapisserie faicte à personnages, appellée la *Tapisserie du bancquet*, armoyez des armoyris dudict deffunct sieur, de six aulnes de largeur et quatre de haulteur...

Item, huict pièces de tapisserye de cuyr doré faict à moresque..[2]

Item, sept aultres pièces de tapisserye de cuir doré à moresque...

Item, ung parement d'autel de cuyr doré de dix piedz de hault, au milieu duquel est figuré ung *Crucifiment* de paincture, aussy sur cuir doré.

Un parement de devant d'autel, aussi de cuir doré, auquel sont figurés les ymage sainct Claude et sainct Anthoine...[3]

---

[1] Epées et ceintures de grand écuyer.

[2] Tentures en cuir de Cordoue (?)

[3] C. Port, loc. cit. (*Revue des Sociétés Savantes*, 1874, p. 556, 560, 562 et 566). — Un inventaire, très abrégé, du xvi° siècle, a été publié par M. l'abbé Bossebœuf (excursion de la Société archéologique à Loudun et Oiron, lo 14 mai 1888, dans le *Bulletin de la Soc. arch. de Touraine*, t. VII, p. 572-575).

Gaignières, à qui l'on doit la reproduction de tant de monuments précieux disparus actuellement, a donné dans un de ses recueils, conservé au Cabinet des Estampes de la Bibliothèque Nationale, un dessin, lavé à l'aquarelle, d'une tapisserie aux armes de Claude Gouffier, conservée au château d'Oiron, ainsi que l'atteste une note manuscrite au crayon mise au bas de l'aquarelle. [1]

Le fond de la tapisserie est formé de losanges diaprés noirs, rouges et blancs alternant. Au milieu du champ se trouve un chêne, autour duquel s'enroule un pied de lierre ; une banderole, sur laquelle est inscrite la devise du célèbre bibliophile : HIC. TERMINVS. HÆRET, se développe en haut du chêne. Deux écussons armoriés sont attachés aux branches de l'arbre ; celui de dextre, surmonté d'une couronne de comte, est aux armoiries de Claude Gouffier : *d'or à trois jumelles de sable en fasce ;* celui de senestre, surmonté également d'une couronne de comte et entouré d'une cordelière, est aux armes de Françoise de Brosse, dite de Bretagne, sa deuxième femme.

Quatre chiffres formés de deux C adossés et d'une H flanquent le chêne. C'est le chiffre bien connu d'Henri II et de Catherine de Médicis. On le voit figurer sur un jeton de Claude Gouffier, décrit par G. de Soultrait [2]. L'épée de grand écuyer est placée en haut du champ de la tapisserie. Aux quatre coins de celle-ci, sont quatre chênes, plus petits que celui du milieu, chacun chargé d'un écusson armorié. L'écusson de dextre, en haut de la tapisserie, est parti de Gouffier et d'Amboise *(palé d'or et de gueules)* ; celui de senestre, est parti de Gouffier et de Montmorency *(d'or, à la croix de gueules accompagnée de seize alérions d'azur)* ; les écussons du bas sont tous deux entourés d'une cordelière et surmontés d'une couronne de comte ; celui de dextre est parti de Gouffier et de Hangest *(d'argent, à la croix de gueules chargée de cinq coquilles d'or)* ; celui de senestre est parti de Gouffier et de La Tremoille *(d'or, au chevron de gueules accompagné de trois aigles d'azur, becquées et membrées du second)*. La bordure de la tapisserie est formée d'une série de carrés diaprés rouges et blancs alternant. La devise de Claude Gouffier y est répétée deux fois, chaque lettre occupant un des carrés ; les carrés noirs des angles contiennent le chiffre d'Henri II.

Une note de Gaignières, mise en bas de l'aquarelle, identifie les quatre écussons placés au coin de la tapisserie.

Ainsi, le premier écusson est celui de Guillaume Gouffier, grand-père de Claude, qui avait epousé en premières noces, en 1450, Louise d'Amboise, sœur du cardinal ; le second est aussi aux armes du même personnage, qui, en secondes noces, en 1472, s'était marié avec Philippe de Montmorency, veuve de Charles de Melun ; le troisième est aux armes d'Artus Gouffier, père de Claude et mari d'Hélène de Hangest, et le quatrième écusson est celui du grand écuyer, dont les armes sont parti de celles de Jacqueline de la Trémoille, sa première femme [3].

---

[1] Volume A D, 110, fol. 44 r°.

[2] *Notice sur quelques jetons du Forez (Mémoires lus à la Sorbonne, Archéologie, en 1861,* Paris, 1863) p. 209 et pl. VI, n° 2.

[3] Claude Gouffier avait épousé Jacqueline de la Trémoille en 1526. — Cette aquarelle a été signalée par M. l'abbé Bossebœuf, *les Monuments de la Touraine dessinés par Roger de Gaignières (Bulletin de la Soc. arch. de Touraine,* 1895, t. X, p. 125-126). Voir aussi du même auteur : *Oiron, le Château et la Collégiale,* Tours 1889.

La cordelière qui entoure ces deux écussons ferait plutôt penser à des blasons de femmes ; il faudrait alors voir les armoiries de la mère et de la première femme du grand écuyer.

Cette tapisserie ne paraît correspondre à aucune de celles, qui, d'après le testament, devaient rester à Oiron.

On peut fixer la date où elle a été exécutée. Claude Gouffier épousa Françoise de Brosse, dite de Bretagne, en 1545, elle mourut en 1558.

Nous croyons intéressant de donner la description et la reproduction de quelques « meubles » ayant appartenu à Claude Gouffier. [1]

Nous devons tout d'abord signaler deux reliures qui proviennent de la bibliothèque du célèbre bibliophile. Elles appartiennent toutes deux à M. le baron J. Pichon, qui, fort obligeamment, nous a permis de les reproduire. La première, la plus connue, a été gravée par Jacquemart, en 1863, dans l'*Histoire de la Bibliophilie* (7ᵉ livraison), d'après cet exemplaire. En haut du plat se trouve un listel avec la devise de Claude Gouffier : HIC TERMINUS HAERE *(sic); * au-dessus, l'écusson armorié est surmonté d'une couronne de marquis, entouré du collier de l'ordre de Saint-Michel et flanqué de chaque côté de son chiffre composé des lettres ꝋ et x ; plus bas, deux épées de grand écuyer, deux autres chiffres et un Terme entouré d'une banderole, sur laquelle est inscrite la devise, qui, ainsi placée, forme un jeu de mot [2].

La seconde reliure, moins connue, est décorée de rinceaux qui entourent le chiffre de Claude Gouffier [3].

Il avait fait imprimer en 1558, par Michel de Vascosan, un livre d'heures, petit in-8°, dont nous connaissons deux exemplaires sur vélin. L'un est conservé à la Bibliothèque Nationale (Vélins, n° 1581) ; l'autre se trouve dans la collection de M. le baron J. Pichon ; il est recouvert de la seconde reliure.

Voici le titre de ce livre : « Heures à l'usaige | de Rome | imprimées à la « requeste | et dévotion | de Messire Claude Gouffier, | chevalier de l'ordre du « Roy, comte | de Caravas et de Mauleurier, sei | gneur de Boysi, grand escuyer | « de France, capitaine de cent | gentilshommes de la Maison | du Roy. — A « Paris | par Michel de Vascosan | MDLVIII. »

Les initiales sont enluminées et quatre miniatures en pleines pages, représentant *l'Annonciation*, la *Fuite en Egypte*, le *Christ en Croix* et le *roi David*, décorent l'exemplaire de la Bibliothèque Nationale ; nous donnons la reproduction des trois premières ; au bas de chacune d'elles se trouve l'écusson aux armes de Claude Gouffier.

Brunet a connu et catalogué le livre d'heures de la Bibliothèque Nationale. [4]

Ce volume est relié en parchemin et décoré sur chaque plat de petits fers, au centre desquels se trouve une couronne d'épines ovale qui contient l'inscription pieuse : IESVS | MARIA, surmontée d'une flamme et soutenue de même. Sur le feuillet de garde, orné des mêmes fers, l'inscription pieuse est remplacée, dans la couronne d'épines, par un chiffre composé des lettres : M B D.

---

[1] Nous ne parlerons ici ni des faïences dites d'Oiron ou de Saint-Porchaire, dont Fillon a résumé l'histoire dans son *Art de terre en Poitou*, ni des sculptures ou des peintures exécutées pour les Gouffier.

[2] Cette reliure a 20 centimètres de hauteur sur 12 centimètres 1/2 de largeur. Elle recouvre un volume imprimé en lettres gothiques : *le Labyrinthe de Fortune* (Paris et Poitiers, Enguilbert de Marnef, 1522 (?).

[3] Cette reliure a 17 cent. 1/2 de hauteur sur 11 cent. de largeur.

[4] *Manuel du libraire*, édit. de 1865, t. VIII, col. 1673, n° 374.

L'exemplaire de la collection de M. le baron J. Pichon diffère du volume de la Bibliothèque Nationale ; on n'y voit qu'une des quatre miniatures, la *Crucifixion* ; mais il y a, en plus, en tête du livre, une miniature représentant les armes de Claude Gouffier.

Le procès-verbal de la vente après décès des meubles de Claude Gouffier mentionne trois volumes, dont une paire d'heures en parchemin, manuscrit enluminé ; est-ce l'original du livre imprimé par Vascosan en 1558 ? Voici d'ailleurs les mentions du procès-verbal :

Item, ung livre en parchemin, escript à la main, couvert de cuyr rouge, qui est le *Livre des* (sic) *et ordonnances des* (sic) *l'ordre du Roy*, faisant partye de deux livres contenus au vingtiesme article de l'inventaire de Paris, prisé ensemble 40 s. t...

Item, les *Psalmes de David*, en papier, couvertes d'or, sous esmail, à deux petits fermoirs de double M, pendant à une chesne....

Item, une paires d'heures en parchemin, escriptes à la main, enliminées, couvertes de veloux noir, enrichies par les coings et fermoirs, de pièces d'or pendans à une chesne d'or... [1]

Un tableau peint sur bois, qui appartient à M. le le baron J. Pichon, provient des collections de Claude Gouffier. [2] C'est une œuvre française du xvi° siècle, d'une bonne facture : un mort est étendu sur un lit de paille, la tête appuyée contre une botte de paille ; au-dessus, dans une niche, trois têtes de mort ; sur le mur, qui forme le fond du tableau, l'inscription :

RESPICE FINEM

SIC TRANSIT GLORIA MUNDI

1551

Ce tableau est un glorieux souvenir de la reprise de Calais sur les Anglais, en 1558 par le duc de Guise, ainsi que l'atteste l'inscription :

CE. TABLEAU. A. ESTE. APPORTE. D. LA. PRISE. DE CALAYS. PAR. LES. MAINS. DE. MESSIRE | CLAUDE. GOUFFIER. CHEVALIER. D. L'ORDRE. MARQUIS. D. BOYSY. GRAND. ESCUYER. DE. FRA.

A l'exposition historique de Madrid (1892-1893), qui contenait tant de merveilles, se trouvait dans une des vitrines, une brigandine du xvi° siècle fort bien conservée[3], appartenant à M. le comte de Valencia[4].

Nous avons déjà signalé cette brigandine dans un de nos articles sur l'exposition de Madrid, paru dans la *Gazette des Beaux-Arts*, et nous avons fait remarquer qu'elle porte la devise et le chiffre de Claude Gouffier[5].

---

[1] *Loc. cit.* p. 557 et 578.

[2] Il mesure 92 cent. de longueur sur 72 cent. de hauteur.

[3] Elle est mentionnée dans le *Catalogo general* de l'exposition historique de Madrid (Madrid, de Fortanet, 1893), sous le N° 21 de la salle XIX.

[4] M. le comte de Valencia a eu l'obligeance de nous laisser photographier cette brigandine lors de l'exposition de Madrid, ce qui nous permet d'en donner ici la reproduction.

[5] *L'exposition d'art rétrospectif de Madrid*, deuxième article, p. 163 de la *Gazette des Beaux-Arts* (1893).

La brigandine est une sorte de pourpoint armé formant cuirasse, presque toujours recouvert d'étoffe à l'extérieur ; l'intérieur était garni d'écailles d'acier [1].

Celle qui a figuré à l'exposition historique de Madrid, est recouverte de velours rouge sur lequel sont fixés, par bandes, en hauteur, des rangs de petits boutons d'argent doré alternant avec des rangs de deux genres de monogrammes : un Φ et un x passés l'un dans l'autre et deux c, initiales du prénom du grand écuyer, adossés sous une couronne de comte.

Nous donnons aussi la reproduction d'une curieuse dague qui est encore pourvue de sa gaine. Nous en devons la communication à la grande obligeance de M. le baron J. Pichon. Cette dague est décorée d'ornements gravés et dorés. Sur la lame court une inscription religieuse :

CONDE. SENEX. GLDIUM. ET. XPI. REMISERE. VERBON COD. DIXIT. PETRO. DIXIT. ET. IDE. TIBI. 1569

Sur le pommeau on lit : DE. BOYSY. — IE SUIS. 1569.

Sur la barre de l'épée se lit la même légende. La lame a 24 cent. de longueur.

La gaine, en cuir gaufré, est garnie à sa partie supérieure d'une armature d'argent ; un vide a été ménagé pour recevoir deux petits couteaux.

Claude Gouffier était, comme nous l'avons dit plus haut, marquis de Boisy, titre qu'il affectionnait. Aussi nous semble-t-il probable que cette dague a dû lui appartenir. Si elle a été réellement une arme du célèbre bibliophile, elle a été faite l'année qui suivit le pillage de son armurerie par les Huguenots.

Une rare pièce imprimée à Paris par Robert Estienne en 1568, réimprimée à Rouen la même année « jouxte la forme et exemple imprimé à Paris par Robert Estienne » [2] nous donne le récit, fait par le sieur de Dampierre, gentilhomme de la maison de Claude Gouffier, de la mise à sac du château d'Oiron, en 1568, par les Huguenots.

Le sieur de Dampierre raconte (sa lettre est datée d'Oiron, le 20 septembre 1568), qu'un huguenot, du nom de Coulombiers, de la suite de Coligny d'Andelot, vint un soir à la porte du château d'Oiron demander à parler au grand écuyer, pour le service du Roi. On lui ouvrit ; il entra avec des hommes armés, quinze, dit Dampierre. Il endormit la vigilance du châtelain et feignit de sortir, après son entrevue ; mais ce ne fut qu'un stratagème pour ouvrir les portes du château à de nombreux huguenots qui attendaient cachés dans les environs. Ils s'emparèrent du château et le livrèrent au pillage. Le lendemain matin ils emmenèrent prisonnier Claude Gouffier et chargèrent sur des mulets « les coffres garnis, sans « rien laisser, mesme toute sa vaisselle d'argent, après qu'ils se sont saisis de

---

[1] Cf. V. Gay, *Glossaire archéologique*, t. 1 (Paris, 1887) article *Brigandine*.

[2] *Lettre escripte par le sieur de Dampierre, gentilhomme suyvant M. le Duc de Rouannois, grand Escuyer de France, à Madame la Duchesse, sa femme, par laquelle il se voit la façon dōi ledict grand Escuyer a esté pillé, pris et emmené de sa maison, par ceux qui portent les armes contre le Roy.* — Les deux éditions se trouvent dans la riche bibliothèque de M. le baron J. Pichon.

« son armurerie, de laquelle ils ont enlevé tout ce qu'ils ont voulu et ont chargé
« les meubles sur force charettes, rompu et malpris tant de belles choses
« que c'estoit pitié et n'ont rien laissé qu'ils n'ayent enlevé, ne petit coffre
« que les serrures n'ayent esté rompues. » Ils lui firent également signer une
promesse de 10 000 écus soleil pour le rachat de son château.

La lettre de Dampierre ne dit pas si Claude Gouffier put rentrer en possession de tout ou partie de ses collections et de ses « belles choses » enlevées dans le pillage. On sait cependant, par son testament, qu'en 1570 il possédait à Oiron de riches tapisseries.

Nous n'avons pu parler ici que de quelques objets précieux ayant appartenu au célèbre amateur ; il doit en exister encore d'autres actuellement. Nous nous empresserons de les faire connaître dès qu'ils nous seront signalés.

F. Mazerolle.

TESTAMENT DE CLAUDE GOUFFIER

3 juin 1570

Aujourd'huy, par devant nous, Jehan Beaugendre et Denys Thomas, notaires, tabellions jurez du seel royal estably aux contractz des bailliages et chastellenye de Bloys, a esté présent en personne, hault et puissant seigneur Messire Claude Gouffier, duc de Rouannoys, chevalier de l'ordre du Roy, conseiller en son privé Conseil, marquis de Boysy[1], compte de Caravax[2] et de Maulevrier[3], baron des baronnies de Passavant[4], Pousanges[5] et Palluau[6], seigneur des seigneuries d'Oyron[7], la Fougereuse[8], Bourg-sur-Charante[9] et Sainct-Loup[10], cappitaine des centz gentilzhommes de la Maison du Roy et grand escuyer de France, lequel, de son bon gré et bonne volonté, sans aulcune persuasion, induction ne suggestion, considérant qu'il n'est rien plus certain que la mort ne incertain que l'heure d'icelle, ne voullant décedder intestat, a faict, ordonné, nommé et dicté son présent testament et ordonnance de sa dernière volonté, ainsi et par la forme et manière qui s'enssuict :

Et premièrement, il a recommandé son âme à Dieu, nostre père et créateur, et à la glorieuse Vierge Marie, à Monsieur sainct Claude et à toutte la court céleste de Paradis.

Item, il veult et ordonne estre inhumé en l'église d'Oyron, en la sépulture jà par luy faict mettre en ladicte église pour sa mémoire et son corps mis dans le charnier et boicte près Monsieur le grand maistre, son père.

---

[1] Saint-Martin-de-Boisy (Loire). — [2] Caravaggio, dans l'ancien duché de Milan. — [3] Maulévrier (Maine-et-Loire). — [4] Passavant (Maine-et-Loire). — [5] Poussanges (Creuse). — [6] Palluau (Vendée). — [7] Oiron (Deux-Sèvres). — [8] La Fougereuse (Deux-Sèvres). — [9] Bourg-Charente (Charente). — [10] Saint-Loup (Deux-Sèvres).

Item, veult et ordonne ledict sieur testateur, que pour le salut et remède de son âme, le jour de son décedz ou le plus prochain jour ensuivant, il soit dict et cellebré en ladicte église d'Oyron, une messe haulte de requiem, durant laquelle il ordonne y avoir treze chandelliers de cire ardente, pour tout luminaire, lesquelles seront mises devant sa sépulture desjà faicte estant en la chappelle du tableau sainct Jehan, l'une des croisées de ladicte église d'Oyron, et sans autre solempnité ne pompe funèbre, laquelle ledict sieur testateur, pour son regard a très expressément deffendue et deffend aux exécuteurs de son présent testament, cy-après nommez et pareillement à ses héritiers, comme chose estant contre son voulloir et intention.

Item, exorte et admoneste tous ses enfans qu'ilz ayent à vivre en paix, union et amitié, comme frères et amis doibvent faire, sans avoir aulcun discord l'ung à l'encontre de l'autre.

Item, ledict sieur testateur recongnoissant qu'il a plusieurs enfans ysseuz de troys mariages, désirant que ses biens soyent partagés et divisés amiablement, sans aulcun débat et différand et que chascun puisse avoir ce qui peult et doibt justement apartenir après sondict décedz, a déclairé et déclaire qu'il veult et entend que ses petittes filles yssus de Messire Leonor Chabot, grand escuyer de France, et survivant dudict sieur testateur, aussy chevalier de l'ordre, cappitaine de cinquante hommes d'armes et compte de Charny, et de feue dame Claude Gouffier, sa femme, fille dudict sieur testateur et de feue dame Jacquelline de la Tremoille, sa première femme, luy succeddant en ce qu'il luy avoit donné par son contract de mariage, comme estant suffisant pour sa légitime et aussi que ledict sieur testateur a faict plusieurs frais et impenses avec grandz travaux pour la conservation des biens de sa fille, ainsi qu'il est tout notoire et qu'il apert tant par arrest du Conseil privé que autres pièces recongneuz par ladicte deffuncte Gouffier, et par ce moyen ledict sieur testateur a ordonné et ordonne que ses autres enfans ysseuz de luy et et de feue dame Françoise de Bretaigne, sa seconde femme, et de feue dame Marie de Gasgnon, sa troisième femme, seront et veult qu'ilz soyent ses héritiers et jouissent de ses biens scellon et en la forme et manière qui s'enssuict :

(En marge) : *Don de meubles et acquestz en la faveur des puisnés ; condition pour l'aisné.*

C'est assavoir qu'il a donné et donne à tous ses enfants puysnez, ysseuz desdictes dames de Bretaigne et de Gasgnon, tous et chascuns ses meubles, acquestz et concquestz immeubles, pour estre divisez entre eulx par esgalles portions. Toutesfoys veult et entend ledict sieur testateur que ledict don n'aura aulcun effect si Gilbert Gouffier, son filz aisné, veult se contenter pour ses précipeuz, droicts d'aisnesse et portion légitime, du duché de Rouannoys, marquisat de Boysy, conté de Maulevrier et outre de la terre et seigneurie d'Oyron, en ce comprins Glerouxe, La Roche-Rabatte, Coustance et Le Vivier, avecq leurs apartenances et deppendances, pour en jouir par ledict Gilbert, sondict filz aîné, après le décedz dudict sieur testateur, scellon que lesdictes duché de Rouannoys, marquisat de Boysy et seigneuries susdictes seront levées par receptes, du temps de sondict décedz, et en ce comprins les acquestz qui avoyent esté faictz par icelluy sieur testateur durant tous ses mariages et jusques à sondict décedz, ensemble les portions qui avoyent appartenu ausdictes de Bretaigne et de Gaisgnon chacune pour son temps, et en rambroursant, par sondict filz aisné, ses autres frères pour les portions qu'ilz sont héritiers de leurs mères, ayant esgard aux prix que les choses auront cousté et scellon qu'il se veriffira par les contractz d'acquisitions seullement, sans entrer en aulcune autre prisée, estimation et valleur desdictes choses acquises.

(En marge) : *Loys, fils de Gillebert, n'a voulu se contenter de ce qui luy a esté laissé.*

Item, ledict sieur testateur a donné et donne à sondict filz aisné et à l'aisné masle ysseu de luy et après eulx à l'aisné desdictz masles qui tiendra et portera le nom, tiltre et armes entières des Gouffier, c'est assavoir : son hostel et maison scituée près la Bastille en la ville de Paris, de présent appelé l'hostel de Boysy, sans que ledict hostel puisse estre par sondict filz ou l'aisné masle ysseu de luy, vendu, alliené ne transporté à quelque tiltre que se soit ; et où ilz le feroyent le contraire, ledict sieur a révocqué ledict don, lequel en ce cas n'aura aulcun effect.

(En marge) : *Don à l'aisné de l'hostel sciz en ceste ville.*

Item, et quand à ses autres biens immeubles, y a comprins ledict compté de Caravax, scitué en la duché de Millan, ledict sieur testateur veult et entant que ses autres enfans puysnez, ysseuz de luy et desdictes de Bretaigne et de Gaignon, y succeddent par esgalles portions ; en ce comprins les acquestz et concquestz qui auroyent esté faictz, autres terres et seigneuries qui restent de ladicte succession et que par ledict Gilbert, son filz aisné, soyt baillé à chacun desdictz puysnez, pour leur légitime part et portion qu'ilz pouvoyent avoir en ladicte succession, jusques à la somme de deux mil livres de rente en font et dommaines de terres et seigneuries de ladicte succession, remectant audict Gilbert, en ce faisant, à les loger scellon qu'il advisera à sa commodité ; et advenant le trespas de l'un desdictz puysnez ou renonciation faicte par eulx et chacun d'eux à leurdict droict successif, la part et portion de celluy qui déceddra sans enfans ou fera ladicte renonciation, accroistra à tous ses autres frères, par esgalles portions, fors pour le regard dudict compté de Caravax, la terre de Mousse-Soussin et le droict des troys cens pippes de vin sur le mont de Brianne, donné audict deffunct sieur grand maistre, père dudict sieur testateur, par le deffunct roy Françoys, premier de ce nom, et aux hoirs d'icelluy deffunct, ausquelles choses y succedront lesdictz enfans puysnez, scellon les coustumes des lieux.

(En marge) : *Jus accrescendi.*

Item, et quant aux biens maternelz, se partageront par entre chacun desdictz trois enfans scellon les coustumes des lieux où lesdictz biens sont scituez et assis, en sorte que lesdicts trois enfans soyent et demeurent en union fraternelle, concorde et amitié, comme ilz ont esté admonestré par ledict sieur testateur.

Item, et pour le regard des rentes constituées à pris d'argent, à raison du denier douze ou autres choses qui se trouveront apartenir audict sieur testateur, lors de sondict décedz, veult et entend qu'elles soyent pareillement partaigées par esgalles portions entre sondict filz aisné et ses autres enfans puisnez, sans que l'un en ayt plus que l'autre, nonobstant tous autres contractz, dispositions et déclarations qui pourroyent cy-devant avoir esté faictes, ausquelles ledict sieur testateur y a desrogé et desroge.

(En marge) : *Rentes à partager inter omnes liberos.*

Item, et quand aux meubles dudict sieur testateur, en cas que le don d'iceulx n'ait effect et que ledict filz aisné s'accordde et se contente desdictes duché de Rouannoys, marquisat de Boysy, compté de Maulevrier, terre et seigneurie d'Oyron et sa portion desdictes rentes constituées à pris d'argent par ses précipudz et advantaiges et pour sa portion légitime, ainsi que dessus est dict, a vouleu et ordonne iceulx susdicts meubles estre partaigés esgallement entre tous sesdicts enfans, tant aisnez que puysnez par esgalles portions.

(En marge) : *Mobilia æqualiter inter liberos.*

Sauf que ledict testateur veult et entend que sondict filz aisné qui est ou qui sera lors de son décedz prenne lesdictz meubles inventoriés : la tappisserie d'or et d'argent à fons de vellours cramoisy, la tappisserie de fleurs de lys aux armes du Roy, avec l'espée de grand escuyer, à fons de vellours noyr, et la tapisserie de haulte lisse relevée de soye, estant à l'Istoire de Troye et encores la tappisserie de Caravanne et de vellours aux armes dudict sieur testateur, lesquelles il veult qu'elles demeurent scellon ledict inventayre à ses enfans de luy et de ladicte Françoise de Bretaigne et pour l'aisné filz ou à celluy qui en tiendra le premier lieu, soit du second ou du dernier mariage.

(En marge) : *Præcipua legati in favorem de l'aisné.*

Sans que les autres ses frères puysnez y puissent aulcune chose demander ne prétendre, fors seullement que sur les meubles dudict sieur testateur ; les enfans puysnés de luy et de ladicte dame Françoise de Bretaigne seront récompensez de leurs portions qui leur apartiennent de leur chef, à cause de la feue dame leur mère, èsdictes tappisseries, en et sur les autres meubles que ceulx cy-dessus déclairés et qui resteront à partaiger entre sesdicts trois enfans ; déclairant, ledict sieur testateur, veult et entend que sesdictes tappisseries soyent et demeurent en sadicte maison d'Oyron pour la décoration d'icelle et qu'elle apartienne à soudict filz aysné ou celluy qui par cy-après tiendra le premier lieu, le nom et les armes

entières, sans que lesdictes tappisseries puissent estre vendues à quelques autres que se soit
(En marge) : *Récompense aulx puisnés.*

Item, et moyenant la disposition cy-dessus par luy faicte, veult et entend icelluy sieur
testateur que tous sesdicts trois enfans, chacun pour sa part et portion, demeurent chargés
de payer touttes les debtes d'icelluy testateur, tant personnelles que rentes et ypotecques.
(En marge) : *Debtes par qui seront paiées.*

Item, et sy lesdictz enffens puisnez vouloyent empescher leurdict frère aisné de jouir desdictes terres et seigneuries et choses cy-dessus déclairées, a privé et prive ceulx de sesdictz
enfans y contredisans, de sesdictz meubles, acquestz et concquestz immeubles, lesquelz il veut
apartenir à ceulx qui luy obbéyront, admonnestant tous sesdicts trois enfans de non contre-
venir à ceste présente son ordonnance, comme estant juste, raisonnable et équitable, ayant
gardé le droict à chacun d'eux, tel qu'il leur peult apartenir en sesdictz biens, esquelz il a
en cas instituez et institue sesdicts enffens ses héritiers. Toutesfois n'entend, icelluy sieur
testateur, comprendre soubz lesdictz meubles la moictié de ceulx qui sont contenuz audict
inventaire par luy cy-davant faict après le décedz de ladicte feue dame Françoise de Bretaigne,
lesquelz ledict sieur veult apartenir à ses troys premiers enfans, yssuz dudict premier mariage,
comme estant lesdictz biens à eulx apartenans à cause de ladicte feue de Bretaigne, leur
mère ; et où lesdictz meubles inventoriés ne se trouverroyent en nature lors du décedz dudict
sieur testateur, veult et entend néantmoings que la moictié de la prisée d'iceulx, contenue
par ledict inventaire, leur soit baillé et payé sur les autres meubles dudict sieur testateur.
(En marge) : *Hic.*

Item, pareillement ledict sieur testateur déclare qu'en tout ce que dessus, il n'entent aussy
avoir compris ne disposé des terres et seigneuries et autres immeubles apartenans à sesdictz
enfens dudict second mariage, esquelz ilz s'accordderont ensemble, scellon les us et coustume
des pays où ilz sont scituez et assis, fors pour le regard des acquestz que ledict sieur testateur
y auroit faict jusques à sondict décedz, desquelz, oudict cas de partaige de sesdictz biens,
comme dessus, il veult et entend que ses autres enfans dudict dernier mariage soyent satis-
faitz et récompensés pour leurs portions en argent, à la raison des acquisitions, ainsy que
dessus est dict.

Item, et d'aultant que ledict sieur testateur a receu de la ladicte feue de Gaignon la somme
de deux mil escuz soleil, ainsi qu'il apert par le traicté de mariage sur ce faict, et pour laquelle
somme il auroit despuis donné assiette jusqu'à la somme de troys centz livres tournois de rente,
ainsi qu'il est plus à plain contenu par la quictance et promesse du quinzeiesme jour d'octobre
mil cinq centz cinquante-neuf, icelluy sieur testateur veult et entend que les enfans néez et
procréez du mariage de luy et de ladicte feue dame de Gaignon soyent premièrement payez et
ramboursez sur sesdictz meubles de ladicte somme de deux mil escuz, sans pour ce en avoir
aulcune assiette, laquelle il a révocqué et révocque.

Item, et parce que cy-devant ledict sieur testateur avoit escript de sa propre main en
plusieurs endroictz de la marge dudict inventaire, qu'il avoit donné les meubles mentionnés
ès articles d'icelluy à ladicte feue dame de Gaignon, son espouse, ledict sieur testateur en tent
que besoing seroit, a révocqué et révocque ledict don et à ceste fin a déclaré avoir cancellé,
biffé et rayé le contenu en ladicte marge dudict inventaire, pareillement a révocqué et révocque
touttes donnations et autres contractz et dispositions qu'il avoit faictz entre vifs cy-davant et
autres, au proffict de ladicte feue dame de Gaignon, comme estant lesdictes donnations
caducques et non advenuz, voullant et déclairant que sesdictz meubles soyent partaigés et
divisés comme dessus.

Item, et pour le grand désir et affection que ledict sieur testateur a que l'église d'Oiron soit
bien et convenablement entretenue et en icelle le service divin dict et cellebré sellon son intention et voulloyr et de ses prédécesseurs, fondateurs d'icelle, veult et entend et ordonne que par
sondict filz aisné et tous ses enfens puisnez soit baillé et délivré sur tous et chacuns ses biens,
aux doyen, channoines et chappitre de ladicte eglise et colège, pour la dotation et fondation et

entretenement dudict service divin, par luy ordonné en ladicte église, et jusques à la concurance de huict centz livres tournois de rente, comprins ce qui leur a jà esté baillé et dellaissé par ledict sieur pour ladicte cause, affin que chacun de sesdictz enfens porte sa cotité d'icelle fondation et que icelle assiette de rente ils fassent indempniser et admorter à leurs despens, sy faict n'avoit esté du vivant et lors du décedz dudict sieur testateur ; et jusques ad ce que l'assiette en soyt faicte et parfaicte par sesdictz enfens, icelluy testateur veult et ordonne que lesdictz doyen et channoines et chappitre de ladicte église d'Oyron jouissent par leurs mains de touttes et chacunes les dixmes de barron et tous proffictz et esmollumens et ainsi et par la manière que ledict sieur testateur en a jouy et jouist encores de présent, soubz la recepte dudict Oyron. Et pour faire délivrance desdictes dixmes ausdictz doyen, channoines et chappitre ledict sieur testateur a donné et donne toutte auctorité et puissance à ses exécuteurs et chacun d'eux ; toutesfois veult et entend, ledict sieur testateur, que sitost que lesdictz channoines jouiront desdictes dixmes de barron, que les quatre vicaires qui sont de présent instituez et ordonnez en ladicte église par ledict sieur testateur, soient mis en places de channoines, pour estre et demourer en ladicte église en telle prérogative et auctorité que les autres channoines, qu'ilz soyent participantz en telz proffictz et esmollumentz que les autres channoines ; en ce comprins les vingt-cincq livres que chacun desdictz vicaires ont accoustume prendre par chacun an sur le revenu de la fondation faicte par ledict sieur testateur en ladicte église. Et s'il y a un reste du revenu desdictes dixmes, après les quatres vicaires payez, à mesme raison que chacun desdictz chanoines, veult et ordonne que le proffict dudict reste, ensemble le proffict du revenu qui proviendra des cincq centz escuz que ledict sieur testateur a donnez à son église pour l'entretenement desdictz vicaires, au proffict dudict colège desdictz channoines, pour estre distribué égallement par entre eulx, à la charge que tous lesdictz channoines seront tenuz assister au service divin et à la messe fondée par ledict sieur testateur, à quoy faire et obéyr par lesdictz channoines et exécution du présent article et observation d'icelluy, il prie et requiert sesdictz exécuteurs y tenir la main. Et si ledict sieur testateur avoit faict et ordonné autre assiette que desdictes dixmes auparavant sondict décedz, n'entend que lesdictz chanoines jouissent desdictes dixmes, lesquelles il veult apartenir à sondict filz aisné.

Item, veult et ordonne icelluy sieur testateur que touttes et chacunes ses debtes et créances qui se trouveront justement et loyaulment par luy estre dheuz au jour de son décedz, soyent satisfaictz et payez par la forme et comme dict est cy-dessus, ensemble les gaiges et sallaires de ses serviteurs domestiques, qui leur seront deubz jusques au jour dudict décedz. Et pour subvenir à sesdictz serviteurs, jusques ad ce qu'ilz soyent pourveuz, outre leursdictz gaiges et sallaires, ledict sieur testateur veult et ordonne qu'ils soyent payez sur ses biens, pour une année entière de leursdictz gaiges et sallaires.

Item, aussy ledict sieur testateur a déclairé et déclaire qu'il veult, entend et ordonne que dame Anne de la Tour, sa femme et espouse, jouisse plainement et entièrement du don qu'il luy a faict par son contract et en faveur de leur mariage, soit en meubles ou immeubles, sellon et par la forme qu'il est contenu et porté par ledict contract ; ordonne et admoneste sesdictz enfens, que pour raison de ce, ne pour quelque autre raison que se soit, ilz n'ayent aulcun débat, différend ou procès avec elle, ains qu'ilz luy portent tout honneur et révérence qu'ilz doibvent audict sieur testateur, leur père, et que lesdictes choses, ainsi par luy données, ilz la laissent et souffrent jouyr paisiblement, sans luy en faire aulcun empeschement, soit en la jouissance desdictz immeubles à elle dellaissez sa vie durant, ou délivrance de tous et chacuns ses meubles, soyent vestemens, bagues, joyaulx, qui seront estimez à son usaige, de sa vaisselle d'argent qui seront marquez ès marcques et armes de ladicte dame Anne de la Tour, et ce, à perpétuité, quant ausdictz meubles, parce que ainsi luy a pleu et plaist pour lesdictes causes ; lequel don en tand que besoing est ou seroyt, a, ce jourd'huy confirmé, ratiffié, approuvé et eu pour agréable et encores confirme, ratiffie et approuve.

Item, ledict sieur testateur a révocqué et révocque tous autres testamens, codicilles et ordonnances de dernière volonté, qu'il a et pourroyt avoir faictz et ordonnez, voullant que cestuy seul ayt, tienne et sortisse son plain et entier effect, sellon et par la forme et manière qu'il est cy-dessus déclairé. Et pour icelluy testament mettre à exécution dheue, scellon la forme et teneur, icelluy sieur testateur a esleu et eslist pour ses exécuteurs dudict présent son testament, ladicte haulte et puissante dame Anne de la Tour, sa femme et espouse, hault et puissant seigneur Messire François, duc de Monmorancy, chevalier de l'ordre du Roy, pair et mareschal de France, Messire Arthus de Cossé, aussy chevalier dudict ordre et mareschal de France, conte de Segondigny et seigneur de Gonnor [1], Messire Loys Leroy, aussy chevalier de l'ordre, conte de Chuchamp, seigneur de Chavigny, noble homme Gilles Duvergier, seigneur de la Fontaine et du Plessis, conseillier du Roy et président au siège ordinaire et présidial de Tourraine, Me Mathieu de Fontenay, advocat en la Court de Parlement à Paris, et vénérable Me René Bonnercier, prieur de Maulevrier et de Mainthion près Paris ; ausquelz et chacun d'eux et par soy, ledict sieur testateur a donné et donne pouvoir, puissance, auctorité et exprès mendement de faire et parfaire ladicte exécution et tout ce qui en deppend et qui au cas apartiendra ; et lequel Bonnercier ledict sieur testateur prie de continuer envers ses enfens la bonne volonté et affection qu'il a tousjours heue à la conduite de ses enffens. Et pour ladicte exécution, ledict sieur testateur a saisy sesdictz exécuteurs et chacun d'eux comme dessus, de tous et chacuns ses biens meubles et immeubles, tant et jusques ad ce que ladicte exécution, soyt ainsy faicte. Veult, entend et ordonne que incontinant après son décedz, lesdictz exécuteurs prennent et apprehendent reellement et deffaict (*lisez :* de faict) la possession et saisine de sesdictz biens, quelque part et quelques coustumes ilz soyent scituez et assis, nonobstant icelles coustumes et tous autres us, stilz et ordonnances à ce contraires ; ausquelz ledict sieur testateur y a par exprès desrogé et desroge en tant que besoing seroit, pour l'effect, vallidité et entière exécution de sondict présent testament et ordonnance de dernière volonté ; à l'accomplissement duquel et de tout ce que dessus, a, ledict hault et puissant seigneur, obligé et ypotecqué tous et chacuns ces biens meubles et immeubles, présentz et fucteurs quelzconques, qu'ilz a pour soubzmis et soubzmect à la jurisdiction de nostre dicte Court royale dudict Bloys et à touttes autres.

En tesmoing desqueslles choses, à la seulle rellation desdictz notaires, avons faict sceller ledict (?) qui, avec eulx et en leur présence, a esté signé dudict sieur testateur le troisiesme jour de juin, l'an mil cinq centz soixante-dix.

(Au-dessous) Pour copie conforme
(signature illisible).

(Copie du temps. — Bibl. nat., ms. fr. 23045, fol. 144 r° à 148 v°).

[1] Gonnord (Maine-et-Loire).

RELIURES AUX ARMES ET CHIFFRE DE CLAUDE GOUFFIER

(Collection de M. le baron J. Pichon)

FRONTISPICE

LE CHRIST EN CROIX

MINIATURES D'UN LIVRE D'HEURES DE CLAUDE GOUFFIER

(Collection de M. le baron J. PICHON)

La Fuite en Egypte

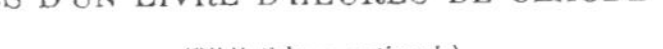

L'Annonciation

MINIATURES D'UN LIVRE D'HEURES DE CLAUDE GOUFFIER

(Bibliothèque nationale)

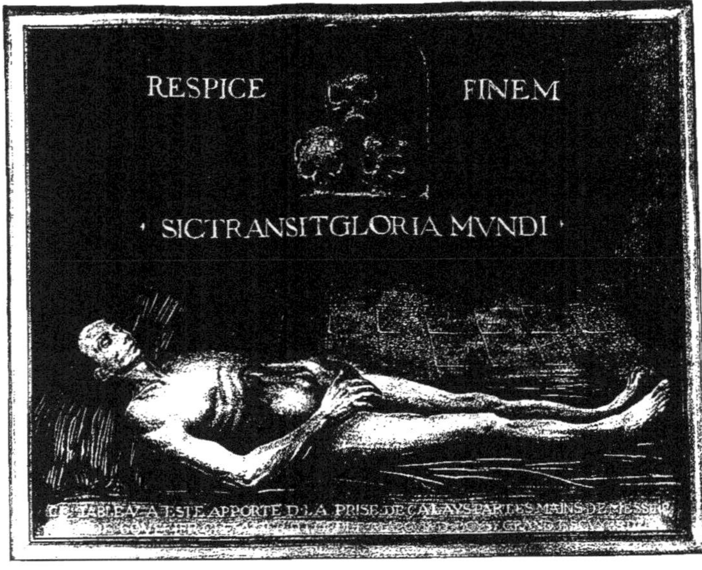

TABLEAU AYANT APPARTENU A CLAUDE GOUFFIER

(Collection de M. le baron J. Pichon)

DAGUE DE CLAUDE GOUFFIER

(Collection de M. le baron J. Pichon)

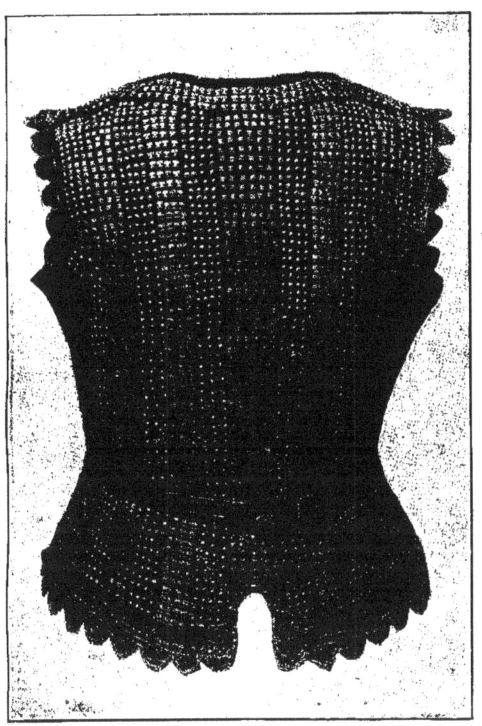

BRIGANDINE DE CLAUDE GOUFFIER

(Collection de M. le Comte de Valencia. — Exposition historique de Madrid.)

www.ingramcontent.com/pod-product-compliance
Ingram Content Group UK Ltd.
Pitfield, Milton Keynes, MK11 3LW, UK
UKHW021028120726
13693UKWH00005B/2253